AF296392

Recueil

DE

DÉCORATIONS THÉATRALES

ET AUTRES

OBJETS D'ORNEMENT,

COMPOSÉS

Par MM. Cicéri et Léger Larbouillat,

ET PAR PLUSIEURS COMPOSITEURS FRANÇAIS ET ÉTRANGERS.

Livraison.

PARIS

CHEZ LÉGER LARBOUILLAT,
RUE ————————, ————— *des cinq moulins 5*
BANCE AINÉ, MARCHAND D'ESTAMPES, RUE SAINT-DENIS, N° ———,
HAUTECOEUR-MARTINET, LIBRAIRE ET MARCHAND D'ESTAMPES, RUE DU COQ-SAINT-HONORÉ, N°ˢ —— ET ——,
VALLARDI, MARCHAND D'ESTAMPES, QUAI MALAQUAIS, N. ——,
MILAN, MÊME MAISON, PLACE DES MARCHANDS, N ———,
ET CHEZ LES PRINCIPAUX MARCHANDS D'ESTAMPES, DE FRANCE ET DE L'ÉTRANGER.

1830.

IMPRIMERIE DE J. TASTU, RUE DE VAUGIRARD, N. 36.

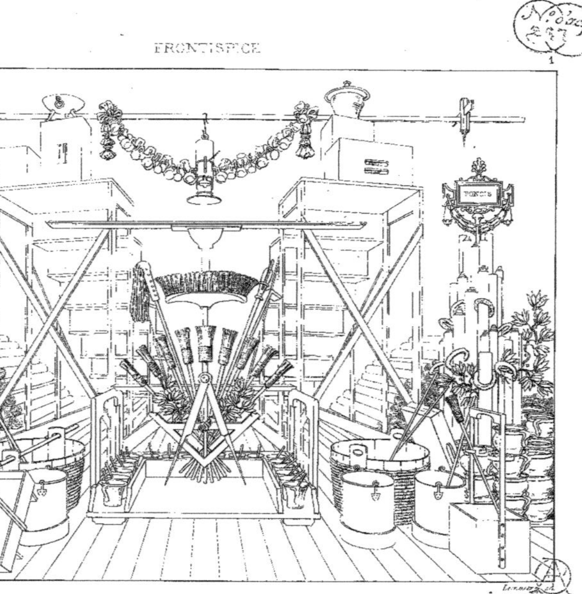

MARINO FALIERO

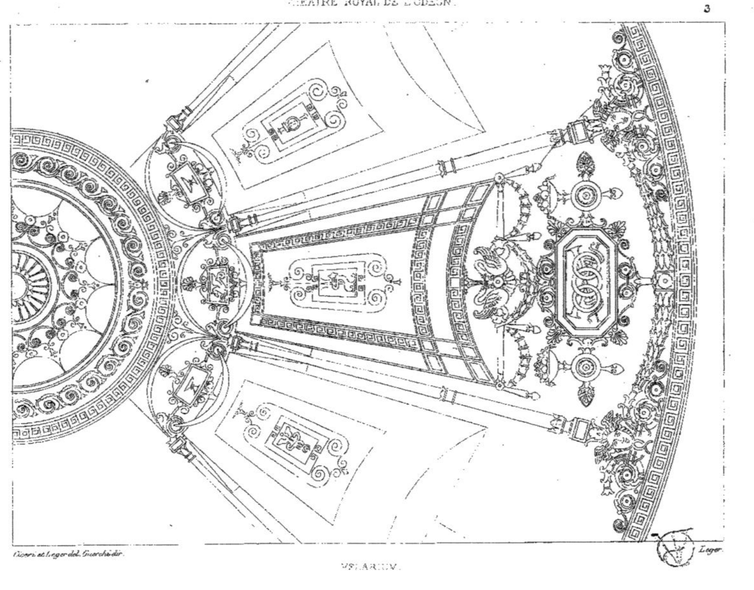
Cicéri et Léger del. Guerchi dir.
Léger.
VELARIUM.

THÉATRE D'AMIENS.
4
Cavan et Leger
PRISON.
Lemaître sc.

5

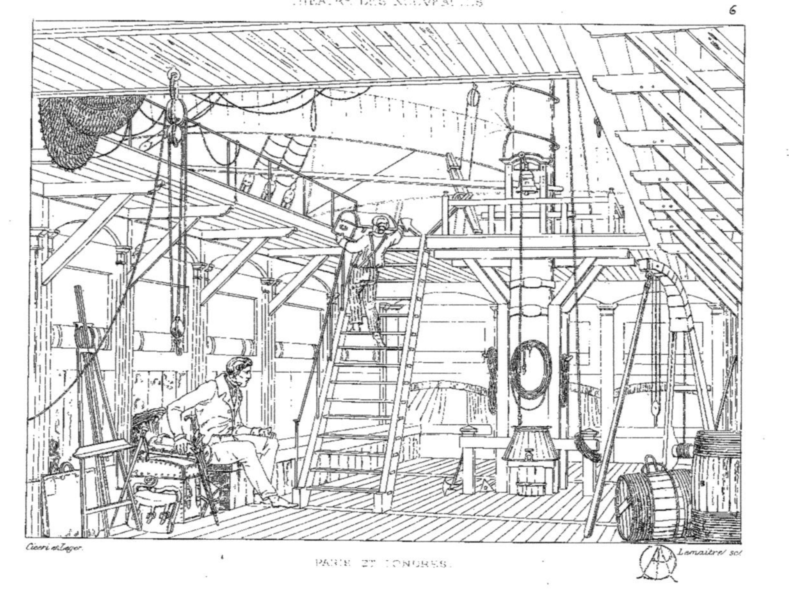

Ciceri et Jager.

PARIS ET LONDRES.

Lemaitre sc.

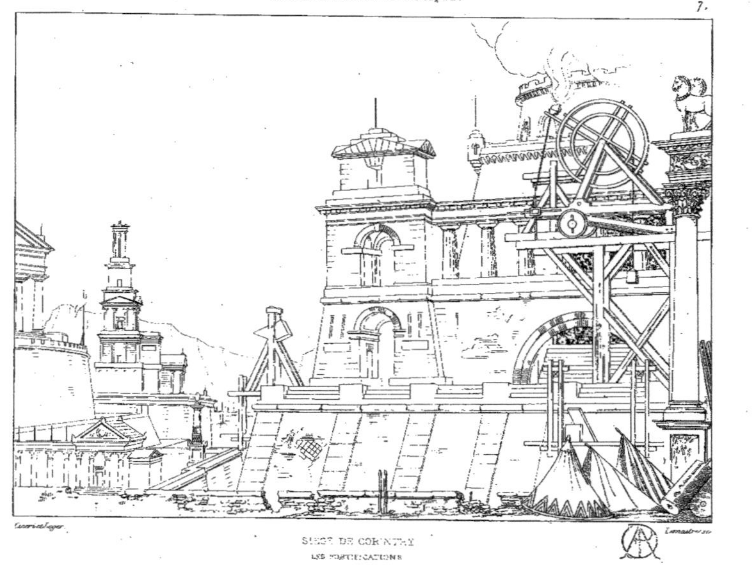

SIÈGE DE CORINTHE

LES FORTIFICATIONS

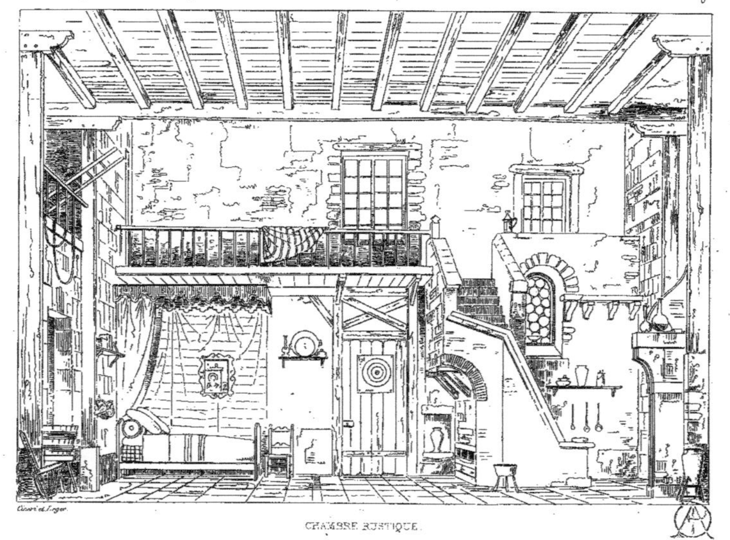

CHAMBRE RUSTIQUE.

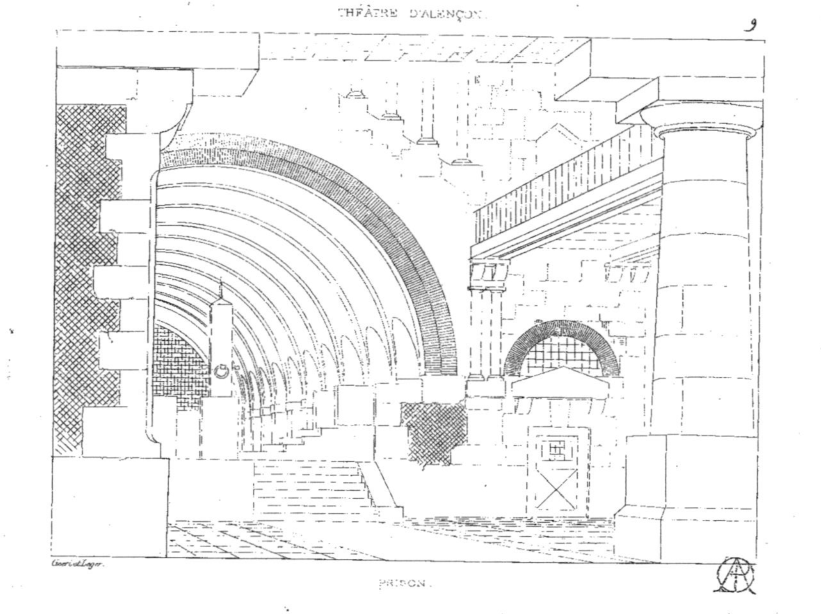

THÉÂTRE D'ALENÇON.
9
PRISON.

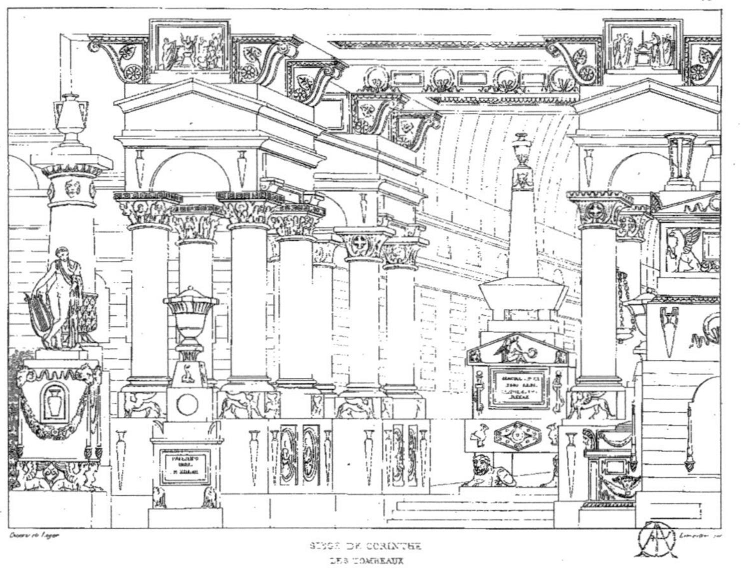

SIÈGE DE CORINTHE
LES TOMBEAUX

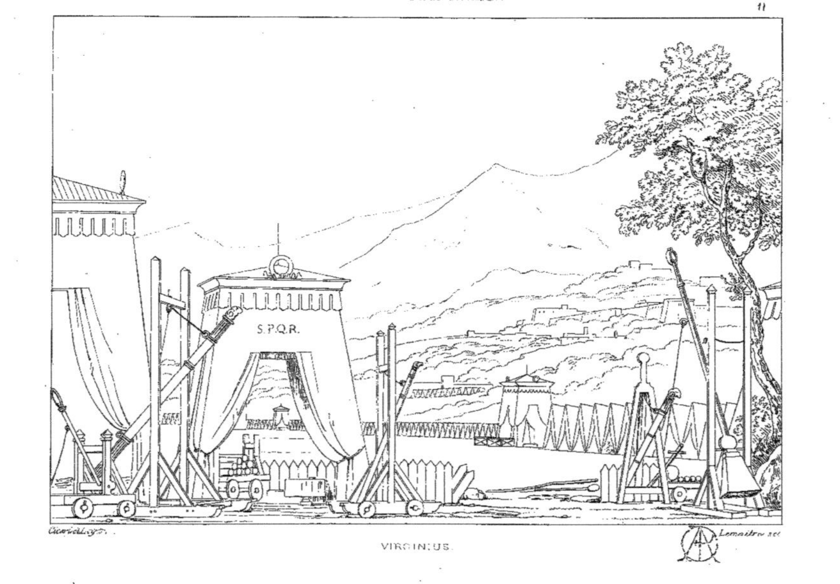

VIRGINIUS.

GUILLAUME TELL
RIDEAU DE MANOEUVRE

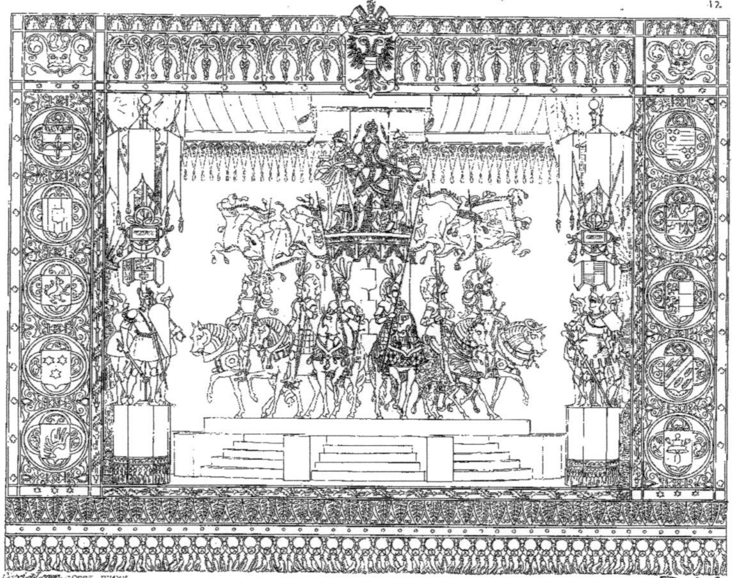

CHAMBRE RUSTIQUE.

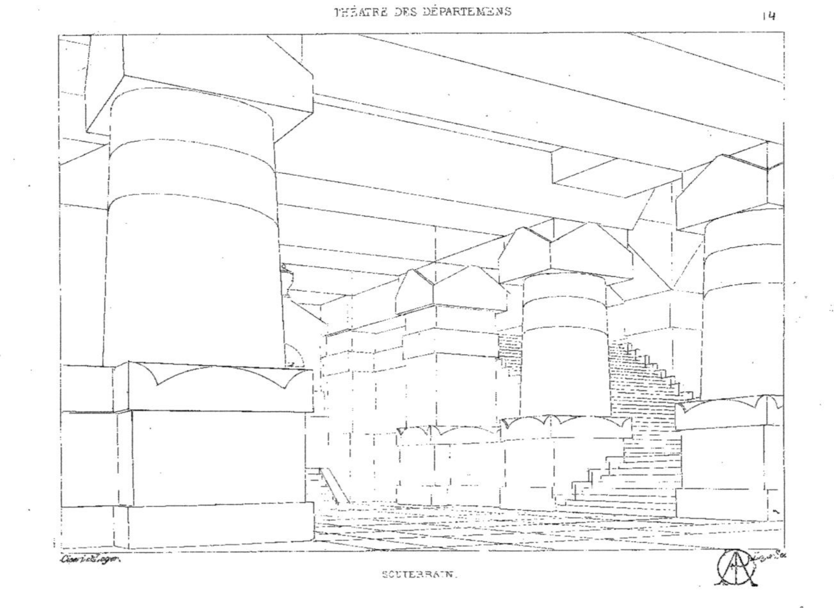

SOUTERRAIN.

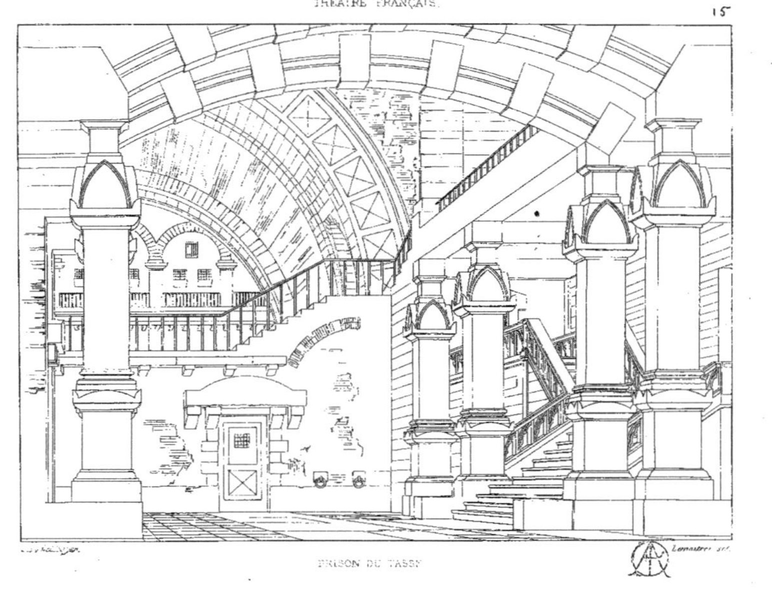

Lemaitre sc.
PRISON DU TASSE

ZELMIRA
PALAIS DU ROI DE LESBOS.

Leger
PRISON

Richard Cœur de Lion

SIÈGE DE CORINTHE

LA TENTE DE MAHOMET.

Léger et Cicéri
Lemaître sc.
LA MUETTE

Decors de Philastre
Loge de.
SÉMIRAMIS
TOMBEAU DE NINUS.
Lemaitre sc.

CHAMBRE RUSTIQUE.

SIÈGE DE CORINTHE
PROJET

Ciceri et Rieger.

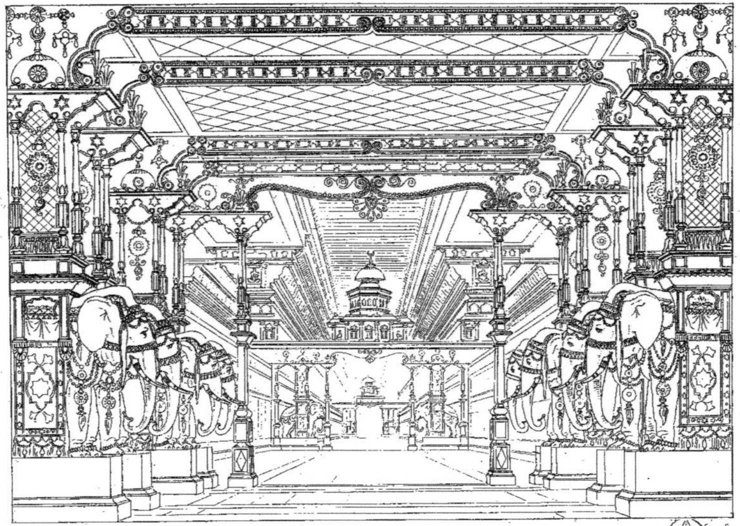

JONAS
PALAIS FANTASTIQUE

Cicéri et Léger
LA MUETTE
Lemaitre sc.

VELARIUM
PROJET

LES DEUX SALEM.

SOUTERRAIN D'UN ALCHIMISTE.

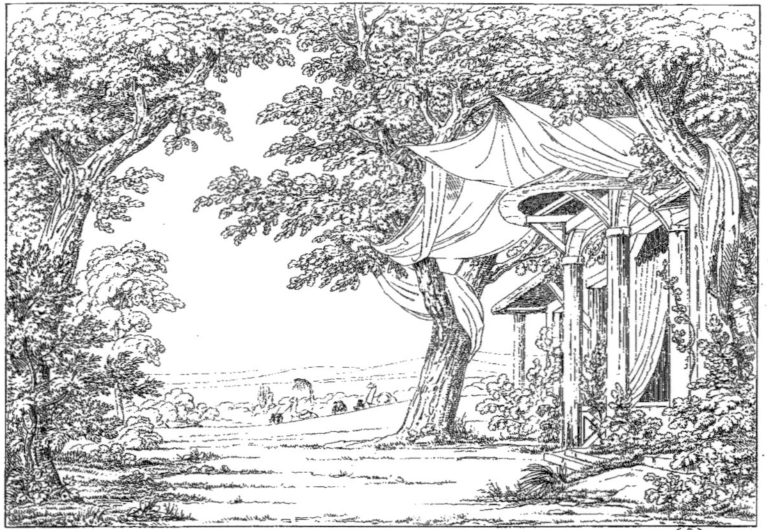

L'ENFANT PRODIGUE, BALLET
CAMPAGNE DE L'ARABE.

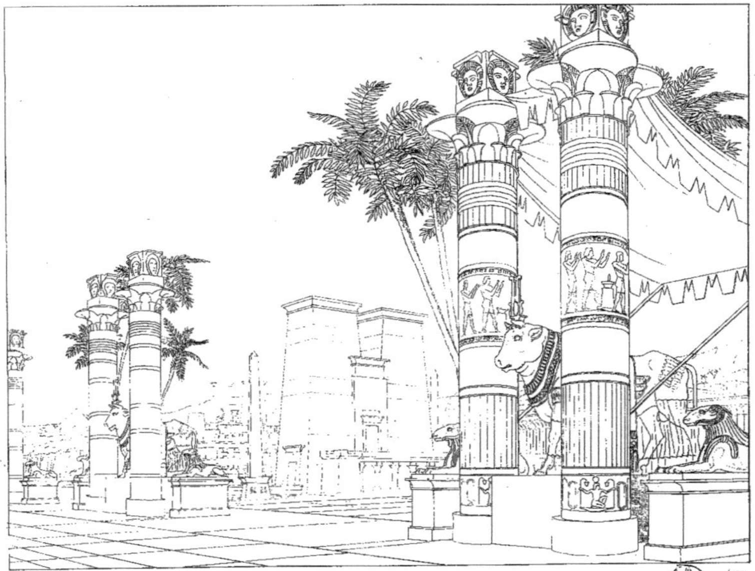

L'ENFANT PRODIGUE, BALLET.
PORTES DE MEMPHIS.

PRÉAU

LAMPE MERVEILLEUSE

PALAIS DE BRONZE

Ciceri et Léger.
Lemaitre sc.
LA MUETTE
PLACE PUBLIQUE.

TEBALDO ET ISOLINA
TOURNOI.

Cicéri et Léger.
Lamoureux sc.
LES FORGES DE VULCAIN

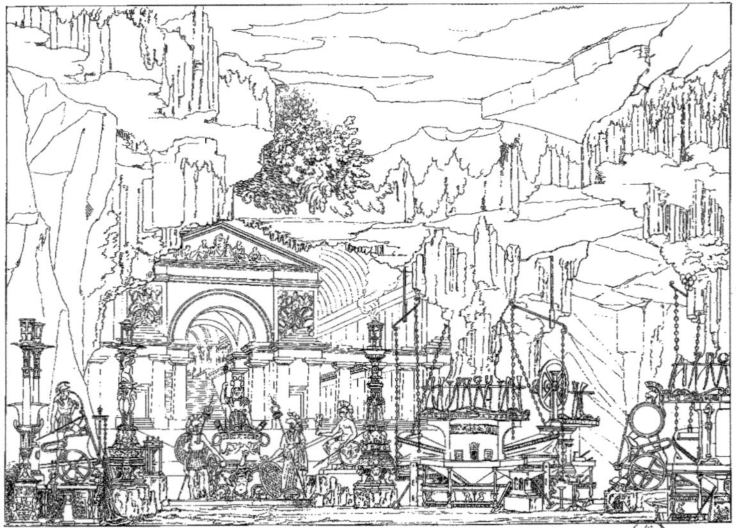

ROMÉO ET JULIETTE.

Dessin de Roger

Lemaître

JONAS

PALAIS SOUS MARIN

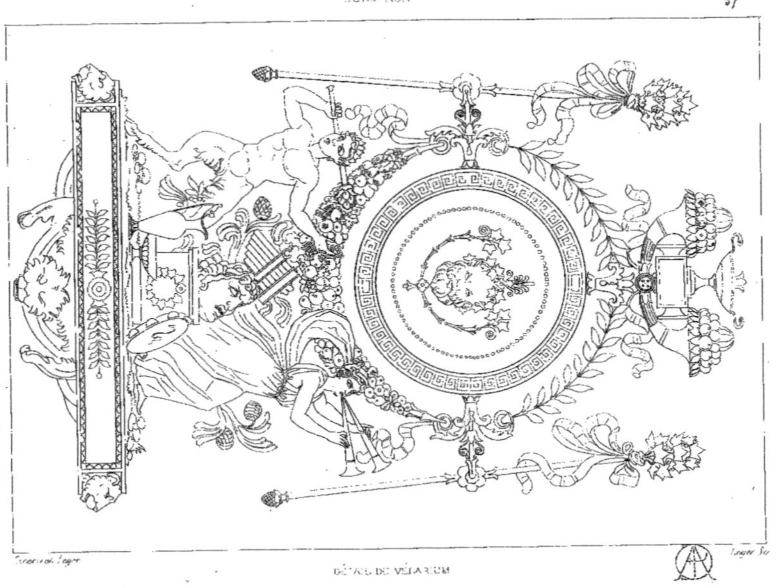

DÉTAIL DE VÉLARIUM

Ciceri et Leger   INTÉRIEUR D'UN ALCHIMISTE.   Leger Sc.

L'ENFANT PRODIGUE, BALLET
PLACE PUBLIQUE DE MEMPHIS

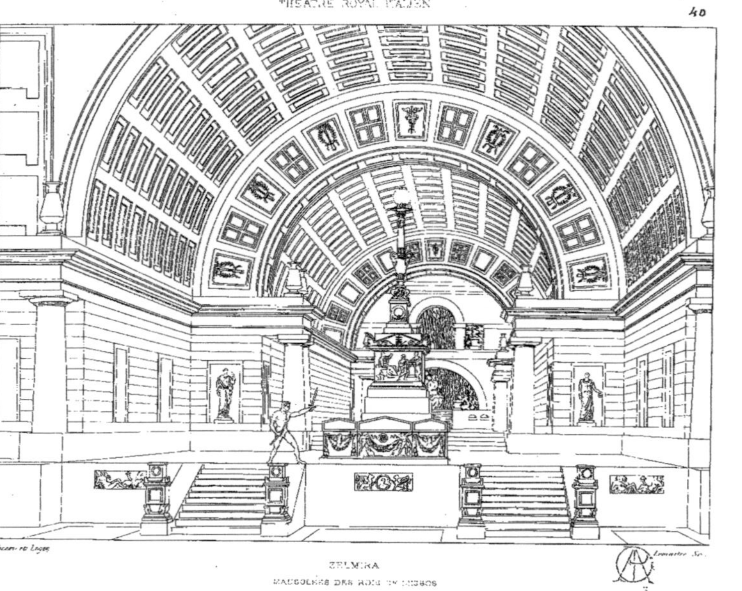

ZELMIRA

MAUSOLÉE DES ROIS DE LESBOS

Suite du Recueil.
de
Décorations Théâtrales
Composé
par plusieurs Compositeurs français et Étrangers
je puis offrir 20 desseins
Travail inédit de
Degotty Ciceri Daguerre Isabey Gropius de Berlin
et le Célèbre Basoli de Bologne

9ème Cahier

n° 1. Degotty fontaraim des Danaides. opera
n° 2 Ciceri le Dortoir des Danaïdes S.t martin
n° 3. (Basoli da Antonio) Bologna
n° 4 Drahonet Prébaut théatre de Versailles
n° 5 Guillaume Telle place publique Ciceri et Léger opera

10ème Cahier

n° 1 Isabey. intérieur de Palais asiatique la caravanne opera
n° 2 Degotty navire antique des Danaides Quinqueremes
n° 3 le Désert Isabey Enfant prodigue Opéra
n° 4 Degotty. roméo et Juliette Tombeaux.
n° 5 Isabey atelier d'un Statuaire antique.

11ème Cahier.

n° 1. Thibol de l'académie française Sémiramide odéon
n° 2 Degotty Tombeaux de Castor et Pollux théatre imperial
de l'opera
n° 3 Isabey Caverne théatre de S.t Cloud (imperial.
n° 4 Degotty, place publique de Clayon & Imperial opéra
n° 5 Degotty Temple de Jupiter capitolin (opera & imperial)

42.

12.me Cahier

Nᵒ 1 Gropius. de Berlin place publique D'Ephese
                    olimpie opera de Spontini
Nᵒ 2 Gropius de Berlin interieur du temple de Dianne
                    D''Ephese
nᵒ 3 Degotty camp D'Antigone opera.
nᵒ 4 Degotty place publique D'Ephèse
Nᵒ 5 Ciceri les tombeaux du monstre Th. S.t martin.

                    frontispice
un fragment de la ferme du camp d'Antigone Olimpie

                         Total. 21. planches
            a publier pour terminer l'ouvrage.
Ce travail presque terminé pourrait rendre des
Services. à l'opera Si l'Etat venait à mon aide

            Tout ce travail. est independant
de mon travail Sur la scénographie nouvelle

1ère Livraison:

Le frontispice de l'ouvrage
devait representer des fragments
de la ferme du camp d'antigone
de l'Opera d'olimpie.

Les attributs d'un atelier de décorateur
seront placés à la fin de l'ouvrage

Les livraisons sont de cinq planches

Prospectus.

Les nombreux travaux que nous avons composés et fait exécuter avec M. Cicéri dont il dans la colla-
boration nous ont mis à même de traiter des sujets de tous les temps, de tous les pays. Le Recueil
sera donc très varié, et pourra être considéré comme un parallèle de toutes les architectures du monde.
L'ouvrage ayant été entrepris dans le but d'être utile à l'art, nous en avons rejeté tous les objets qui
n'offraient que peu d'intérêt et qui n'auraient fait que grossir le volume sans augmenter le passé des
idées. On ne trouvera donc pas dans cette Collection toutes les décorations d'un ouvrage. Il y aura des
compositions des artistes français et étrangers, qui ont produit des choses remarquables en ce genre.
L'ouvrage entier sera publié en douze livraisons, de cinq planches chacune, qui paraîtront de mois en
mois, à partir de juillet 1830. Les huit premières livraisons sont gravées, et les trois premières sont en
vente. Le titre et les notes explicatives et détaillées sur les planches qui en sont susceptibles seront
publiés avec la dernière livraison.

En payant un mois d'avance, on pourra se procurer un exemplaire avec la colonne